PANÉGYRIQUE

DE

SAINT AUGUSTIN

PRÊCHÉ

DANS LA CHAPELLE DE L'HOTEL-DIEU DE CHATEAU-THIERRY

Le Mercredi 28 Août 1867

PAR

L'ABBÉ CHÉRET

CURÉ DE SEINE-PORT (SEINE-ET-MARNE).

CORBEIL

TYPOGRAPHIE DE CRÉTÉ ET FILS

—

1867

✟ Pater..... sanctifica eos in veritate.

Père ! sanctifiez-les dans la vérité.

(*Évang. de saint Jean*, ch. et v. XVIIes.)

MESDAMES *,

La sanctification de l'homme est le but de la vie humaine ; car c'est la volonté de Dieu que l'homme se sanctifie, *voluntas Dei sanctificatio vestra* (I *Thess.*, IV, 3). Un jour l'humanité avait oublié cette loi suprême de son existence. L'homme était devenu chair, et toute chair avait corrompu sa voie. La réponse de Dieu à cette déviation générale fut le déluge universel ; et, d'un seul rejeton trouvé fidèle, sortit une autre génération. Mais, si cette autre génération, dont nous faisons partie, venait à imiter la première ; si, oublieuse du terme où elle est appelée par le céleste capitaine, elle venait à déchirer sa feuille de route pour se fixer aux étapes de la terre, elle n'attendrait pas longtemps sa punition. Puisque ce châtiment tarde à venir, c'est qu'il y a encore plus de dix justes dans Sodome. Mais, si la défection devenait universelle et l'im-

---

* L'Hôtel-Dieu de Château-Thierry est desservi par des chanoinesses de l'ordre de Saint-Augustin.

piété sans exception, oui ! aussitôt que la dernière bouche qui prie Dieu serait fermée ; aussitôt que la dernière langue qui le loue serait immobile ; aussitôt que le dernier cœur qui l'aime serait éteint, à l'instant même apparaîtrait l'ange de l'Apocalypse, qui, posant un pied sur la terre et l'autre sur l'Océan, viendrait jurer par l'Éternel que les temps sont finis, *tempus non erit amplius* (*Apoc.*, IV, 6).

En effet, Dieu doit prévaloir sur la créature, *Non prœvaleat contra te homo* (II *Par.*, XIV), toute créature libre qui contrarie le plan de sa sagesse doit périr, *semen impiorum peribit* (*Ps.* XXXVI, 28). Et le plan définitif de la sagesse et de la volonté de Dieu, c'est la sanctification de l'homme, *voluntas Dei sanctificatio vestra*.

Mais, ne l'oublions pas, la sainteté ne marche pas sans la vérité. Car si la sainteté est le fruit, *et fructum afferatis* (*Joan.*, X, 16), la vérité en est la racine, *radicati... et confirmati fide* (*Col.*, II, 7). Sans doute, on peut malheureusement ne pas vivre conformément aux lumières de la foi, et il n'est que trop vrai qu'on ne se sanctifie pas toujours avec la vérité. Mais il est absolument impossible de se sanctifier sans elle. Sans elle, on peut à la rigueur avoir d'aimables qualités selon le monde et des vertus d'honnête homme ; de la sainteté, jamais. La sainteté, elle est par essence dans le sacrifice ; ce qui n'est possible que par un point d'appui placé en dehors de l'homme et suppose la foi divine. Or, la vérité, objet de la foi divine, elle est tout entière, ou elle n'est pas ; et là où elle n'est pas, la sainteté est absente. C'est ce qui a fait dire à Bossuet, que « le bien croire est la condition du bien vivre. » Mais ce

que le sublime évêque de Meaux nous prêche par ses pa-
roles, l'immortel évêque d'Hippone nous l'enseigne plus
éloquemment encore dans ses actions ; car c'est lui qui va
nous montrer que la sainteté n'est que la vérité dans l'esprit et dans le cœur, dans la spéculation et la pratique, et
que c'est dans l'union de ces deux choses que doit consis-
ter la vie de tout homme, *hoc est enim omnis homo*
(*Eccli.*, XII, 13). Après cela, ne soyons plus étonnés si le
Sauveur Jésus, au moment de quitter la terre, résumant
toutes ses pensées en quelques mots, comme il ramassait
tout son amour en quelques instants, adressait pour nous
à Dieu cette prière qui est l'abrégé de toute sa religion :
Père, sanctifiez-les dans la vérité : *Pater, sanctifica eos in
veritate.*

Mais il convient, Mesdames, de n'entrer dans notre sujet que comme la Vérité elle-même est entrée dans le
monde, par la sainte Vierge que nous allons saluer d'un
Ave Maria.

PREMIÈRE PARTIE

En ce jour, Mesdames, votre piété filiale attend plutôt des exemples que des raisonnements, et il est juste de répondre à ses légitimes désirs. Aussi, je me souviens que je ne suis pas monté dans cette chaire pour en faire descendre saint Augustin à qui elle appartient aujourd'hui. C'est lui qui doit nous prêcher : c'est lui qui nous prêchera ; car c'est de lui que je veux apprendre et c'est par lui que je veux vous montrer comment on se sanctifie dans la vérité. Sans doute, aujourd'hui plus que jamais, vous serez privées de son éloquence ; mais vous contemplerez en revanche une partie de sa vie ; et sa vie a été encore bien plus éloquente que ses lèvres.

Ne parlons donc pas des égarements de sa jeunesse. Marchant d'abord sans la lumière de la vérité, il n'est pas surprenant qu'il ait marché à tâtons, ni qu'il ait posé son cœur sur des ordures. Sa conversion ne doit pas nous étonner ni nous arrêter davantage. Comment ne se serait-il pas converti ? La grâce de Dieu le poursuivait sous les traits d'une incomparable mère ! Oui, le coup de tonnerre qui renversa saint Paul aux portes de Damas, pour avoir été plus prompt, a peut-être été moins puissant que le charme secret qui poussa saint Augustin au repentir. « Il est impossible, disait un saint évêque en voyant pleurer Monique, il est impossible que l'enfant de tant de larmes périsse. » L'évêque avait raison ; car ces larmes étaient celles d'une mère, et cette mère était une sainte. Or, l'amour maternel, quand il est chrétien, c'est ce qu'il y a au monde de plus fort comme de plus doux, parce que c'est sur la terre ce qui ressemble le plus au cœur de Dieu même...

Vous me pardonnerez, Mesdames, cette émotion dont vous seules peut-être comprendrez la cause. C'est à l'amour maternel, vous le savez, que j'ai dû toutes les consolations de ma vie. Aussi, maintenant qu'il m'a quitté, chaque fois que je le rencontre sur ma route, j'éprouve le besoin de me mettre à genoux pour saluer son passage [1].

Mais ce qu'il nous importe de connaître ici, c'est l'amour de saint Augustin pour la vérité. Il l'aima ardemment toute sa vie, quoique d'abord il en ait été éloigné, parce qu'il eut le malheur de ne pas la chercher du seul côté où on la trouve. En effet, il n'y a que deux méthodes applicables à la recherche de la vérité révélée, la méthode de la foi et celle de l'évidence. La méthode de la foi commence par l'humilité ; car elle nous fait croire d'abord à l'autorité du témoignage. Mais elle nous encourage bientôt par l'intelligence de la plupart de ses dogmes, et nous récompense enfin par la claire vue de la vision béatifique. La méthode de l'évidence suit une marche opposée et ar-

____

[1] Cécile-Scholastique Vilcoq, veuve Chéret, la meilleure des mères, a quitté cette terre le 26 juillet 1863.

rive à des résultats contraires. Elle commence par l'orgueil ; car elle flatte d'abord la raison, en lui enseignant
qu'elle ne doit croire que ce qu'elle peut comprendre.
Mais la raison, fatiguée de ses efforts inutiles, tombe bientôt dans le doute par le découragement, et arrive enfin à la
négation par le désespoir. Cette méthode est fausse : c'est
le chemin de l'abîme. Mais, pour l'irréflexion, elle semble
la plus courte ; et l'impatience de saint Augustin l'y préci-
pita dans l'espoir d'arriver plus vite. Sa conversion au
manichéisme n'eut pas d'autre cause que l'appât d'une
doctrine qui se vantait de ne procéder que par principes
clairs en eux-mêmes et de ne s'appuyer que sur l'évidence
immédiate de la vérité. Sans doute, le manichéisme, par
sa théorie des deux principes, détruit la liberté au profit de
la licence ; et l'on pourrait croire qu'Augustin y chercha
plutôt la justification de ses faiblesses que le rassasiement
de son intelligence. C'est une erreur.

Je prévois bien que je vais ici, Mesdames , tout en
réjouissant votre amour filial, heurter toutes vos idées
reçues. Il faut cependant que je vous dise toute ma pensée.

Eh bien ! les histoires et surtout les sermons calom-
nient toujours un peu votre saint Augustin. On y exagère
sa culpabilité pour faire briller par le contraste le mérite
de sa conversion. On en fait un jeune licencieux comme
ceux des époques de décadence, qui se font une gloire de
leur confusion et n'ont d'intelligence que pour justifier
leurs désordres. Ah ! saint Augustin a été mille et mille
fois plus honnête que cela, même aux jours de son dés-
honneur. En veut-on la preuve ? Elle n'est pas loin d'ici.
Il y a, au pied de cette chaire, de vénérables et savants

confrères [1], qui ont la patience de m'entendre, quand ce serait plutôt à moi à les écouter. Eh bien ! j'en appelle à leur témoignage. Messieurs, voici un jeune homme, plein de talent et plein de faiblesses, mais qui, au milieu de ses faiblesses, applique son talent à méditer la beauté de la vertu et à l'admirer dans les autres. Vous le voyez souvent, saintement irrité contre lui-même, verser en présence de Dieu des torrents de larmes, dans le regret de son innocence perdue et devant la difficulté de la reconquérir. Vous l'apercevez, à la fleur de la jeunesse, tout couvert des palmes de la littérature et des lauriers de l'éloquence, renoncer à l'une des plus belles chaires de rhétorique, parce qu'il sent que la gloire humaine est plutôt contraire que favorable à l'épuration de la vie. Enfin vous l'entendez, dans le déchirement d'un cœur violemment tiraillé en sens contraire, s'écrier : « Mon Dieu ! donnez-moi la chasteté, » la chasteté qu'un instant après il craint d'obtenir, *modo, et modo non habebat modum !* Messieurs, dites-le-nous maintenant. Éprouveriez-vous pour ce jeune homme ce qu'on éprouve pour la licence toujours fière et orgueilleuse de sa honte ? Eh bien ! non, j'en jure sur vos cœurs, ce jeune homme vous inspirerait de tout autres sentiments. Le dégoût de ses vices serait étouffé dans vos âmes par l'admiration de ses combats ; et vous vous sentiriez de la vénération pour ce lutteur de la vertu, malgré

---

[1] Étaient présents : MM. Husson, archiprêtre de Château-Thierry ; Magnan, chapelain de l'Hôtel-Dieu ; Mézière, aumônier de la Charité ; Frion, aumônier de la pension des Chaîneaux ; Guillot, curé d'Essômes ; Turquin et Toupet, vicaires de Saint-Crépin, de Château-Thierry ; Joubier, curé de Pécy (Seine-et-Marne) ; Leguay, curé de Béton-Bazoches (Seine-et-Marne).

le nombre de ses défaites et la gravité de ses chutes.

Ce jeune homme a été saint Augustin, Mesdames. Et s'il est allé un jour frapper au seuil du manichéisme, c'est qu'il a cru que la vérité était derrière la porte et qu'il allait plus tôt jouir de ses embrassements. Il n'y trouva que le vide ! Et son noble esprit, désappointé, mais toujours affamé, commença à douter de la vérité et à croire, dans son découragement, qu'elle pourrait bien ne pas être autre chose que le doute lui-même. Permettez-moi de vous expliquer en deux mots cette seconde station des intelligences dévoyées, où notre jeune Africain s'arrêta un instant dans l'espérance d'un peu de repos. Platon, dont les disciples furent appelés Académiciens, frappé du choc des opinions et des combats de doctrine que les philosophes se livraient entre eux, sans jamais pouvoir convenir d'un seul principe, enseigna que la sagesse était de suspendre son jugement et de ne rien affirmer, parce que rien n'est vrai en soi que ce qui paraît vrai à chaque individu, *illud verum quod unicuique verum videtur*. Par exemple : celui-ci croit à l'immortalité de l'âme ? c'est vrai pour lui, comme ce serait faux pour un autre qui aurait une opinion contraire ! Ce système, d'après lequel la vérité n'aurait plus rien d'objectif et ne serait plus qu'un phénomène variable et une modification passagère de notre pensée, est moins une philosophie que la formule même du découragement de l'esprit. Mais, quand on tombe, on cherche à se retenir à tout ce qui se présente sous la main, et saint Augustin embrassa la doctrine des académiciens, comme on saisit une planche dans le naufrage. Cette planche n'était pas assez large pour sa vaste intelligence,

qui ne put s'y maintenir longtemps en équilibre et continua à rouler dans sa chute. Hélas ! nous arrivons maintenant au fond de l'abîme ! Quand l'esprit humain, marchant sans la foi, reconnaît l'inutilité de ses efforts, il
cherche à cacher son dépit par l'audace, en niant la vérité
par désespoir, et en la tournant en dérision dans l'impuissance de l'atteindre. *Impius cum in profundum venerit... contemnit (Prov.*, xviii, 3).

Saint Augustin, Mesdames, descendit à cette profondeur ! Un de ses amis, tombé malade, avait reçu le baptême. Mais, bientôt rendu à la santé, il lui racontait un
jour la plénitude du bonheur qu'il éprouvait dans la possession de la vérité catholique. La seule réponse d'Augustin fut d'en rire et de s'en moquer, *cum in profundum
venerit... contemnit.* Son ami indigné le menaça, s'il
continuait, de rompre pour toujours avec lui. Augustin
se tut, mais laissa errer encore sur sa figure ce méchant
sourire qui n'est pas le reflet des joies du cœur, qui n'est
que la grimace des tourments de l'esprit, *cum in profundum venerit... contemnit.*

En effet, malgré ses dédains simulés, son esprit avait
toujours faim et soif de la vérité, qu'il aimait ardemment
et dont il était malheureusement séparé. Cette séparation
pourtant devait avoir un terme. La curiosité en apparence, la grâce de Dieu en réalité, le poussa un jour aux
sermons de saint Ambroise. Cette parole, majestueuse
dans sa suavité, limpide dans sa concision et toujours brillante malgré son énergie, l'étonna. Il crut d'abord ne
faire attention qu'à la beauté de la forme. Mais l'éloquence
de l'archevêque de Milan n'était que l'appât cachant l'ha

meçon de ce pêcheur d'hommes, et saint Augustin s'a-
perçut bientôt qu'il était pris autrement que par les
oreilles. Son esprit peu à peu prenait goût aux idées, et,
son intelligence s'ouvrant chaque jour à la lumière, il re-
connut bientôt l'absolue nécessité de commencer par
croire, et vit clairement que l'humilité de la foi sur la terre
est l'unique avenue de la vérité.

Oh ! les larmes de sainte Monique ont été fécondes, et la
voilà deux fois mère ; car son fils est chrétien ! Et quel
chrétien, Mesdames ! Ses membres étaient encore meurtris
de ses chutes, et ses vêtements encore humides de ses nau-
frages, que déjà le néophyte se faisait docteur pour détrom-
per ceux qui l'avaient égaré. C'est à eux qu'il s'empresse
d'adresser ses premiers ouvrages. L'un est pour les mani-
chéens, c'est un appel à la foi ; l'autre, pour les académiciens, c'est la réfutation du doute ; un troisième, pour les
incrédules, c'est la démonstration de l'indécence de leurs
moqueries et de la misère de leurs négations. Sans doute,
ces premiers ouvrages accusent quelquefois plus de charité que d'exactitude. Mais pendant que nous parlons, le
soleil, comme un géant, monte à l'horizon, et nos yeux
sont trop faibles pour le contempler à son midi. Il n'y a
que les aigles qui en soient capables. Je veux dire, Mesdames, que les Pères de l'Église seuls ont pu mesurer
l'étendue du génie de saint Augustin, et qu'il convient ici
de leur laisser la parole.

Un gouverneur d'Afrique avait écrit à saint Grégoire le
Grand pour lui demander ses ouvrages. Ce grand Pape lui
répond : « Lisez plutôt ceux de saint Augustin. Les siens
sont de la pure farine, et les miens seulement du son. »

Saint Bernard appelle saint Augustin la langue de l'Église, *Ecclesiæ lingua*. Saint Prosper, dans une exagération poétique, dont le bon goût à la vérité est fort contestable, mais qui n'en peint que mieux l'étonnement des siècles pour la grandeur du génie de saint Augustin, dit qu'il est sorti de sa bouche des fleuves de livres, *flumina librorum*. Mais disons tout en un mot. Les saints Pères l'ont proclamé à l'envi le docteur des docteurs, *doctor doctorum;* le Père des Pères, *Pater Patrum*, et le héraut de la vérité, *præco veritatis*.

Et pourtant, Mesdames, il y a encore quelque chose de plus touchant que ses fatigues à courir après la vérité absente; quelque chose de plus étonnant que son immense succès dans la culture de la vérité conquise, c'est sa sollicitude jalouse pour conserver la vérité connue.

L'univers retentissait du bruit de sa gloire, les plus célèbres docteurs l'écoutaient comme un oracle, les plus grands Papes le consultaient dans leurs difficultés, l'Église adoptait ses décisions, les conciles empruntaient son langage, quand il s'éleva dans le monde une célèbre controverse. Les grands combats étaient pour saint Augustin la matière de grands triomphes. Mais, pendant qu'il marchait à la lutte, une sentence doctrinale tomba du haut de la chaire apostolique. Et le grand homme, brisant aussitôt sa plume pour s'agenouiller devant cet arrêt, ne trouva plus qu'un seul mot à dire : « Rome a parlé; la cause est finie : puisse l'erreur finir de même ! » Ah ! Mesdames, on est ferme comme la montagne de Sion quand on s'appuie sur cette colonne. Et si notre siècle est si agité, si tourmenté, c'est qu'il n'écoute pas assez quand Rome parle, et que tout n'est pas fini pour lui quand Rome a parlé. En effet, qu'est-ce qui nous manque aujourd'hui? Les sciences naturelles vont de conquête en conquête, et les arts de progrès en progrès. Nous marchons comme la foudre par la vapeur. Nos pensées courent comme les éclairs par l'électricité. Nos maisons deviennent des palais par l'industrie. En ce moment même, l'univers est à genoux devant les merveilles de notre Exposition, et l'Europe est en train de se transformer en un paradis terrestre !... Oui, c'est le paradis, moins le bonheur et la tranquillité. On admire et on tremble. On profite du jour qui passe, mais sans confiance au lendemain et avec la peur du réveil ! Qu'est-ce donc, encore une fois, qui nous manque? Une seule chose : l'obéissance à l'Église ; l'Église ! ce roc taillé par Dieu même pour porter le monde moral. Sans doute, ce mal n'est pas égal partout ; mais partout il se fait sentir, et les parties les plus saines ont quelquefois un frisson de cette fièvre ! Ne voit-on pas des personnes, d'ailleurs fort recommandables, non-seulement dans le monde, mais dans le sacerdoce, mais dans le cloître, se permettre de discuter les actes du pontificat suprême, et s'imaginer que, s'ils étaient à Rome, ils pourraient, dans les grandes questions qui s'agitent, donner au Pape des conseils plus opportuns que ceux qu'il reçoit du Saint-Esprit. Et l'on prétend pouvoir allier avec le respect une conduite qui ne s'allie pas même avec le bon sens! Non, Mesdames; non, mes Frères, pour notre bonheur et notre honneur, n'ayons jamais, quoi qu'il arrive, d'autre devise que celle de saint Augustin : « Rome a parlé ; la cause est finie. »

Mais, après avoir vu comment il a aimé la vérité, il nous reste à dire comment il l'a pratiquée ; comment, selon la belle expression de la sainte Écriture, il a fait la vérité dans la charité, *veritatem facientes in charitate* (*Ephes.*, iv, 15). Ce sera le sujet d'une seconde réflexion.

DEUXIÈME PARTIE

Mesdames : Dieu, en créant l'homme, lui a mis dans l'âme l'indestructible besoin du bonheur. Et ce bonheur, quand on l'analyse, on voit que, pour être parfait, il doit réunir trois éléments, la jouissance, la domination et la durée. Dieu effectivement nous a créés pour jouir avec lui, pour régner en lui et pour vivre autant que lui. C'est donc en Dieu seul, et pas ailleurs, que se trouve notre vrai bonheur, et c'est là seulement que nous devions le chercher. Malheureusement, le péché originel a perverti ces rapports, en dévoyant nos affections et en les rabaissant du Créateur aux créatures. Cependant, en changeant de direction, ce besoin de bonheur n'a pas changé de nature. Il renferme toujours ces trois éléments : le désir de jouir par les plaisirs du corps, c'est la sensualité ; le désir de régner sur les objets extérieurs par la possession, c'est la cupidité ; le désir de vivre dans la mémoire des hommes par la gloire, c'est la vanité. Vous reconnaissez les trois concupiscences, cette triple déviation du cœur humain de haut en bas. Eh bien ! la vertu n'est pas autre chose que la lutte, la sainteté pas autre chose que la victoire contre cette triple tendance malheureuse de nos désirs et ce mauvais pli de nos affections. Prendre son cœur, penché vers la terre, et, malgré quelque déchirure, le redresser vers le ciel, voilà la vie chrétienne. La vie chrétienne! elle est donc nécessairement sur trois champs de bataille à la fois : elle est dans la résistance à la sensualité par la pénitence et la chasteté ; elle est dans la résistance à la cupidité par le détachement ; elle est dans la résistance à l'orgueil par l'humilité. Cela ne se fait pas, ne peut pas se faire sans violence, *violenti rapiunt illud* (*Matth.*, II, 12) ; et c'est pour cela que l'Écriture appelle le chrétien un bon soldat, *sicut bonus miles Christi* (II *Tim.*, II, 3). Mais parmi les bons, un des meilleurs a été saint Augustin, dont les glorieux états de service sont offerts en ce jour à notre émulation. Voyons-le donc un instant aux prises avec ces trois ennemis de l'âme, et, à son école, étudions pour nous-mêmes cette stratégie spirituelle.

1° La science enfle, dit saint Paul, *scientia inflat* (I *Cor.*, VIII, 1) ; de sorte que le savant, qui n'est que savant, est ordinairement un orgueilleux qui prend son enflure pour de la force, et son hydropisie pour de l'embonpoint. A mesure qu'il s'élève jusqu'aux nues dans le vide de son cœur gonflé de vanité, les hommes et le monde même lui paraissent petits par l'éloignement, et il se met à mépriser les uns et à se croire le maître de l'autre. Sans doute, ce n'est pas la faute de la science ; c'est la faute de l'homme. Toujours est-il que la science est pour l'homme une grande tentation. Elle n'ébranla pas même saint Augustin. Personne ne fut plus savant et personne ne fut plus humble. Eh ! comment n'aurait-il pas été humble, à la manière dont il traitait l'orgueil et brisait ses moindres suggestions! Le supplice de notre amour-propre, c'est l'aveu de nos erreurs. Il aime mieux ne rien dire, ne rien écrire surtout; mais quand il a parlé, encore plus quand il a écrit, avouer qu'il s'est trompé lui est plus amer que le fiel et l'absinthe. Pour saint Augustin, il faut croire que c'était doux comme le miel ! A l'époque du plus vif éclat de sa renommée, tremblant devant sa gloire et comme effrayé de l'autorité acquise à ses ouvrages, il se met à les éplucher avec une attention qu'on dirait désireuse de les trouver coupables, et il en signale à la postérité jusqu'aux moindres erreurs dont il remplit les gros volumes de ses *Rétractations*. Il avait peur d'être trop écouté, lui qui voulait qu'on n'écoutât que l'Église. « Qu'on ne me suive, dit-il, que quand il est manifeste que j'ai raison. Car, si je fais des livres maintenant, c'est pour montrer que je ne me suis pas toujours suivi moi-même. »

Pourtant, si dur qu'il soit d'avouer les erreurs de son esprit, il l'est bien davantage de convenir des égarements de son cœur et de sa volonté. Dans le tribunal de la pénitence, vous le savez, il n'y a qu'un homme dont la bouche est fermée par les serments les plus solennels, dont le cœur est ouvert par la charité la plus tendre, dont l'indulgence nous est acquise, sinon par l'expérience des mêmes faiblesses, du moins par le choc des mêmes tentations. Cependant il en coûte à notre amour-propre de nous confesser à ce seul homme, qui pourtant n'a que les pieds sur la terre, et qui est déjà à moitié dans le ciel par la sublimité des fonctions qu'il remplit. Eh bien ! saint Augustin, lui, s'est confessé à tout l'univers. Le livre de ses *Confessions* est une vallée de Josaphat anticipée, où, comme au jugement général, les fautes de sa vie passent sous les yeux de toutes les générations. La sainteté a ses industries, Mesdames. Et, par un raffinement d'humilité qui peut-être n'a pas été assez remarqué, ce grand homme, qui surpassa tous les autres docteurs par ses chefs-d'œuvre, s'est surpassé lui-même par le charme divin de ses *Confessions*. On peut croire qu'il le fit à dessein. Il aura voulu ainsi attirer à ce livre plus de lecteurs qu'à ses autres ouvrages, afin d'avoir toujours, à travers les siècles, plus de confidents de ses faiblesses que d'admirateurs de son génie !

2° Mais saint Paul qui nous dit de ne pas nous laisser enfler par l'orgueil de l'esprit, nous recommande encore plus fortement de ne pas nous soumettre à la servitude du corps, qu'il appelle une cause de mort, *de corpore mortis hujus* (*Rom.*, VI, 24). Il n'en était pas ainsi dans le commencement ! La chair était soumise à l'âme, parce que l'âme était soumise à Dieu ; et, de cette belle harmonie résultait pour nous la paix ; car la paix n'est que la tranquillité de l'ordre. Mais l'humanité a fait une grande chute ; dans sa chute elle a subi une grande ruine, et dans sa ruine éprouvé un grand désordre. Le corps fait pour obéir aspire à commander et n'y réussit que trop souvent ; car, à la faveur de ses besoins légitimes, peu à peu il nous impose ses désirs, et les désirs de la chair c'est la honte, *carnis curam ne feceritis in desideriis* (*Rom.*, XIII, 14). Si du moins on pouvait raisonner avec le corps, on parviendrait peut-être à le gouverner par la persuasion. Mais, privé d'intelligence, il ne peut être maintenu ou ramené dans le devoir que, comme les êtres sans raison, par l'emploi de la verge et de la correction : *Mortificate ergo membra vestra* (*Col.*, III, 5). Cette mortification, ah ! saint Augustin l'a bien connue ! Évitant dans son ameublement, ses habits et sa personne, la malpropreté qui est un vice, il fuyait avec plus de soin encore le luxe et la recherche. N'allez pas lui dire que la dignité épiscopale justifie un peu d'éclat que réclament d'ailleurs les convenances ! Il vous répondrait que tout le monde sait qu'Augustin a été pécheur avant d'être évêque, et que pour lui la mortification est la première de toutes les convenances. En effet, sa table était le trône de la sobriété, sa maison l'asile de la ponctualité, ses conversations le théâtre de la charité, ses journées le champ de ses labeurs, ses nuits le témoin de ses veilles, et son lit le confident de ses regrets et de ses pleurs. Dans la crainte de ne pas assez pleurer lui-même, il avait fait peindre, autour de sa couche, les sept Psaumes de la pénitence, afin que, dans les courts intervalles donnés au sommeil, les murs de sa chambre pussent pleurer à sa place et exhaler vers le ciel un continuel gémissement. Cependant le plus grand frein des convoitises corporelles se trouve surtout dans la chasteté. C'est par là que l'âme domine : sinon, que le corps prévaut ; mais il n'y a pas de transaction possible ; c'est un duel à mort. La chasteté, ne l'appelle-t-on pas la belle, la sainte vertu, la vertu par excellence, la vertu sans adjectif ? Puisque vertu veut dire courage, il faut donc bien du courage à la chasteté ? Il lui faut le courage pour fuir le combat, l'intrépidité pour éviter l'ennemi, la bravoure pour décliner la lutte. Elle n'est forte que derrière le rempart, et son salut est dans la fuite. La chasteté, mesdames, c'est la colombe qui, dans son vol, a peur du frémissement de ses ailes. Ah ! cette peur héroïque et cette frayeur courageuse, voyez comme elles faisaient battre le cœur de saint Augustin ! Il était déjà brisé sous le poids des austérités et des fatigues, quand on lui conseilla d'admettre chez lui, pour en recevoir des soins, sa propre sœur qu'environnait la double auréole de l'âge et de la vertu. Il ne le voulut pas et s'y opposa jusqu'à la mort. « Ma sœur est ma sœur, disait-il , mais celles qui viendront la voir ne sont pas mes sœurs. » Et il aima mieux se priver des soins de la famille qu'une main mercenaire ne remplace jamais, plutôt que de s'exposer lui-même au danger, pourtant peu probable, d'une tentation, ou de livrer peut-être la dignité sacerdotale à la malignité d'un soupçon ou à la profanation d'une calomnie.

3° Cependant, nous l'avons dit, on n'est chrétien qu'à la condition d'une triple victoire. Voyez Judas, le traître Judas, il avait déjà vaincu les deux premiers ennemis, et n'est tombé que sous les coups du troisième, l'avarice. Mais citons un exemple et un nom moins odieux dans l'histoire. Qu'est-ce qui perdit le jeune homme de l'Évangile, qui demandait un jour au Sauveur le chemin de la vie éternelle ? Il était humble et il était pur : et c'est déjà beaucoup. Mais il était possédé de l'amour des richesses; et voilà son malheur. A cause de cela, il n'a pas été jugé propre au royaume des cieux. Saint Augustin a été plus heureux, Mesdames, parce que, brisant cette troisième chaîne , l'attache aux biens extérieurs , il a conquis et goûté la vraie liberté des enfants de Dieu.

Il vivait dans la solitude, en communauté avec ses amis. Mais, chaque jour, d'autres jeunes gens en si grand nombre venaient se joindre à eux, que celui qui faisait les fonctions d'économe, inquiet pour l'avenir, demandait que chaque nouveau venu apportât au moins à la maison la moitié de ses biens. C'était de la prudence, et il ne semble pas qu'elle dût soulever une objection, encore moins rencontrer de l'opposition. Eh bien ! saint Augustin, pieusement téméraire, s'y opposa invinciblement et ne voulut jamais exiger des nouveaux venus autre chose que leur cœur, persuadé que la communauté serait toujours suffisamment riche, tant qu'elle aimerait la pauvreté. L'épiscopat fortifia plutôt qu'il n'affaiblit en lui cette générosité de sentiments. On vit souvent ses diocésains, témoins de son abnégation, offrir à son église de riches héritages et des legs importants. Ils étaient presque toujours refusés par l'évêque, au point que ses clercs mécontents exhalaient leur dépit par des murmures. « Faut-il s'étonner, disait-on, que l'église d'Hippone ne soit pas riche! Augustin donne tout et n'accepte rien ! » Eh ! comment son désintéressement se serait-il démenti dans l'épiscopat, lui qui ne tenait pas à l'épiscopat, auquel on ne l'avait élevé qu'en lui faisant violence, et dans lequel il ne restait que par obéissance ? L'Église d'Afrique était alors déchirée par le schisme des donatistes, qui avaient établi des évêques de leur parti dans toutes les cités où il y avait déjà un évêque catholique. Dans le cas d'une conversion, cette situation créait une grave difficulté. — A qui appartiendrait le siége épiscopal? Serait-ce à l'évêque redevenu catholique ou à celui qui n'avait pas cessé de l'être? Sans doute, toutes les raisons étaient en faveur de ce dernier. Cependant, dans la crainte que cette difficulté ne mît obstacle à la paix de l'Église, les évêques catholiques proposèrent aux évêques donatistes, s'ils se convertissaient, de partager leur siége avec eux et de paître alternativement le même troupeau. Résolution admirable et qui prouve bien que la charité est sœur de la vérité! Cette abnégation pourtant ne parut pas suffisante à saint Augustin. Lui, il offrit sans retour de céder son siége et de se retirer dans l'obscurité de la solitude, pourvu que l'unité fût rétablie et que la robe sans couture de Jésus-Christ ne fût plus déchirée. Après cela, Mesdames, vous étonnerait-on beaucoup, si on vous disait qu'il ne fit pas de testament? Comment en aurait-il fait un? Il n'avait rien à mettre dedans! Quand il mourut, ce fut, dans le ciel, un saint de plus, et, sur la terre, un pauvre de moins; car il n'y laissa ni succession ni héritiers.

Ah! je me trompe, Mesdames, il vous a instituées ses légataires et vous avez une bien riche succession à recueillir, puisque vous devez remercier Dieu journellement de vous avoir donné un tel modèle dans un tel fondateur. Quand notre sang, emporté par la circulation, se refroidit à l'extrémité de nos membres, il remonte aussitôt vers le cœur pour se réchauffer à la source de la vie. Faites de même. Remontez souvent par la pensée au souvenir de votre père, et que le contact de son cœur et de sa vie ranime votre courage à mourir au monde. Ce monde, auquel il faut mourir, vous le savez, ce n'est ni le ciel avec l'ornement de ses astres, ni la terre avec la parure de sa végétation, ni la mer avec la majesté de ses flots ; ce monde auquel il faut mourir, c'est nous-mêmes : *Abneget semetipsum* (*Matth.*, XVI, 24). Mortifiez donc la volonté par l'obéissance, l'humeur par la soumission, la vivacité du caractère par la douceur et l'orgueil par l'humilité. Mortifiez les yeux par la modestie, la langue par le silence, les oreilles par l'amour de la solitude et tous les sens par la garde d'une continuelle vigilance. Il faut que par l'abnégation, votre cœur ne tienne plus à rien, que par le renoncement votre volonté se déprenne de tout, que par le détachement votre âme s'affranchisse de tout lien qui ne serait pas celui de l'amour de Dieu et des biens éternels. C'est là ce que saint Jean Climaque appelle la sépulture chrétienne. Heureuse sépulture ! par laquelle on enterre le mal pour garder le bien, on ensevelit la mort pour accroître la vie, on enfouit la révolte pour posséder la liberté ! — C'est un bruit qui s'est accrédité dans le monde, que certains religieux, les Trappistes, je crois, creusent tous les jours leur tombeau, en allant chaque matin en extraire une pelletée de terre. C'est une erreur quant au fait matériel. Mais, spirituellement, ce doit être une vérité pour tous les religieux et toutes les religieuses.

Mesdames, me permettriez-vous encore ce petit souvenir de famille ? Eh bien ! il y a déjà longtemps, très-longtemps, à une époque de la vie où l'âme encore jeune et tendre garde pour toujours l'empreinte des émotions qu'elle reçoit, il m'a été donné, à l'une de vos professions, il m'a été donné de voir, du pied de cet autel et à travers cette grille, le drap mortuaire se dérouler sur le corps prosterné d'une professe qui est devenue votre sœur sans avoir cessé d'être la mienne [1]. Oh ! le touchant et l'éloquent symbole ! Le monde, toujours lourd et pesant de cœur pour les choses de Dieu, en frémit d'étonnement. Plaignez son ignorance, Mesdames ; mais pour vous, serrez-vous de plus en plus dans le suaire de votre profession, comme dans le manteau de votre triomphe. Enveloppez-vous toujours davantage dans le linceul de la chasteté, de la pauvreté et de l'obéissance, comme dans les insignes de votre royauté, même ici-bas. Car, sur la terre, sachez-le bien, on ne possède que ce que l'on quitte, on n'est riche que des biens que l'on méprise, on ne jouit que des plaisirs qu'on se refuse, on ne grandit que des humiliations qu'on accepte, on n'est heureux que du bonheur qu'on répudie, quand on fait tout cela pour Dieu et en vue de l'éternité.

Et vous, mes Frères, vous croyez peut-être qu'on ne prêche pas pour vous et que cette instruction n'est pas applicable à votre vie, parce que vous ne vivez pas dans un cloître et que vous n'avez pas fait de vœux. Vous ne vivez pas dans un cloître ? C'est une erreur ; car la vie présente en est un dont le berceau et la tombe sont la clôture, dont l'Évangile est la règle, l'Église la maîtrise des novices, et Dieu le supérieur. Vous n'avez pas fait de vœux ? L'erreur est encore plus grande ; car c'est même par là que vous avez commencé. Est-ce que vous ne vous

---

[1] Françoise-Scholastique Chéret, entrée à l'Hôtel-Dieu de Château-Thierry le 25 octobre 1830, a pris l'habit le 28 novembre 1831, et a fait profession le 3 décembre 1832, sous le nom de sœur Saint-Charles.

souvenez plus des vœux de votre baptême renouvelés à votre première communion? « Je renonce au démon, à ses pompes et à ses œuvres. » Mais, si je ne me trompe, la vie religieuse n'est pas autre chose que cela. La différence entre la vie religieuse et la vôtre, consiste dans le degré de perfection. non dans la nature de la perfection elle-même. Vous et le religieux devez absolument marcher dans le même chemin, le chemin étroit de la vie éternelle : seulement le religieux est obligé d'aller plus vite et plus loin que vous ; mais c'est à condition pourtant que vous le suivrez par derrière. Le détachement du religieux est effectif; le vôtre doit être le détachement du cœur. Le religieux s'interdit toute possession; vous devez vous interdire le trop grand amour de posséder. Le religieux renonce à l'usage; vous devez renoncer à l'abus. Il répudie bien des jouissances permises; vous devez répudier les mauvaises. Il n'a plus de volonté; n'ayez plus d'orgueil. Il mortifie son corps ; mortifiez vos passions. Il est mort au monde ; eh bien! mourez au péché.

Enfin, quelle que soit pour nous tous la différence des vocations sur la terre, appelés cependant au même terme dans les cieux, excitons-nous à l'atteindre par le souvenir de ce qui est arrivé à saint Augustin. A l'époque où il balançait encore entre Dieu et le monde, dans une lutte terrible entre la nature et la grâce, il entendit une voix mystérieuse semblable à celle d'un enfant qui chantait : « *Tolle, lege ;* prenez et lisez, prenez et lisez. » Les *Épîtres* de saint Paul se trouvaient là. Il les prit, en lut un verset et fut converti. Hélas! cette voix, à chaque instant, retentit aussi à nos oreilles pour nous dire comme à saint Augustin : « Prenez et lisez, prenez et lisez. » Mais que lirons-nous? Lisons dans le grand livre du monde, dont pour nous les feuillets se retournent si vite au souffle des années, que la terre n'est qu'une tente dressée pour une nuit, comme la cabane du berger, et que nous devons porter tous nos désirs du côté de la cité permanente. — « Prenez et lisez, prenez et lisez. » Mais que lirons-nous? Lisons, dans le mécompte de nos espérances terrestres et le vide des biens d'ici-bas, que la vie présente n'est qu'une amère illusion, à moins qu'elle ne serve de vestibule à l'éternité. — « Prenez et lisez, prenez et lisez. » Mais que lirons-nous? Lisons, dans nos jours écoulés, le peu de solidité de nos jours à venir et tournons nos regards vers cette patrie qu'éclaire un soleil qui ne connaît plus de couchant. — « Prenez et lisez, prenez et lisez. » Mais que lirons-nous donc encore? Eh bien! lisons, — ce qui est écrit partout, excepté pour les yeux volontairement aveugles, — que la vie n'est qu'un songe, la santé un nom, la gloire une fumée, la richesse une déception, le bonheur un mirage, le plaisir une duperie, et que tout, sous le soleil, est vanité des vanités, si ce n'est aimer Dieu et le servir. Ah! Seigneur, c'est bien étonnant que nous n'entendions pas cette voix! Vous la faites vibrer à nos oreilles de toutes les manières. Tantôt c'est notre propre conscience ou la charité d'autrui qui nous avertit doucement, comme la voix d'un enfant qui chante. Et tantôt c'est l'éclat de la foudre et le roulement du tonnerre qui nous réveillent brusquement, soit dans les calamités privées qui nous affligent ou les perturbations sociales qui nous menacent. Mon Dieu! ne permettez donc pas que notre cœur, au milieu de tant de leçons si chèrement achetées, reste encore esclave de la vanité et du mensonge...

Père, sanctifiez-nous dans la vérité, perfectionnez-nous dans la charité, mais surtout glorifiez-nous tous dans l'éternité.

AINSI SOIT-IL.

CORB IL. Typ. et ster. de CRÉTÉ.

24